Bibliografische Information der Deutschen Nationalbibliothek: Die Deutsche Nationalbibliothek verzeichnet diese Publikation in der Deutschen Nationalbibliografie; detaillierte bibliografische Daten sind im Internet über dnb.d-nb.de abrufbar.

TWENTYSIX – Der Self-Publishing-Verlag
Eine Kooperation zwischen der Verlagsgruppe Random House und BoD – Books on Demand

© 2019 Möller, Georg; Varga, Annette

Herstellung und Verlag:
BoD – Books on Demand, Norderstedt

ISBN: 978-3-7407-6180-6

Georg Möller, Annette Varga

Rajzold magad gazdaggá!

Egy millió 33 nap alatt

1. kiadás

© 2019 Georg Möller, Annette Varga   rajzok: Hans-Georg Greifenstein

ISBN: 978 3 740 76180 6

1. nap

A válság újra érkezik, 2008 csak bevezetés volt, gyerekjáték. Most Te is benne vagy!

33 nap alatt milliomos leszel. Ez könnyű, egy egyszerű módszerrel.

Szükséged van tőkére az elején, szerezd meg!

Azt mondod egy kedves embernek: Én egy szakértő vagyok, napi 15,99%-os nyereséget szerzek! Adjál nekem pénzt, én 33 nap múlva visszafizetem neked. Kamatostól!

Kölcsön kérsz 13 000-et. Ebből 1900-at a zsebedbe teszel. Ez arra kell neked, hogy este elmenj a kocsmába.

A maradékot másnap elviszed a tőzsdére.

2. nap

1 ajánlat: 11.100,-

Célozni és lőni

2 irkál:
- hagyd a pénzt dolgozni
- te ismered a trükköket
- fogsz egy ceruzát
- **megrajzolod a képeket**
- kövesd a jobb felső példát
- nevetsz, és nevetsz, és nevetsz
- a képzeleted nem ismer határokat

3 csal: **Ki fizessen? , döntsd el Te!:**

☐ adófizetők
☐ idióták
☐ állam
☐ takarékoskodók
☐ kommunisták
☐ kapitalisták
☐ populisták
☐ EU
☐ Brüsszel
☐ szomszéd
☐ …

4 gyűjt: a mai nyereséged: **1.765,-**
                    Az egész vagyonod: **12.865,-**

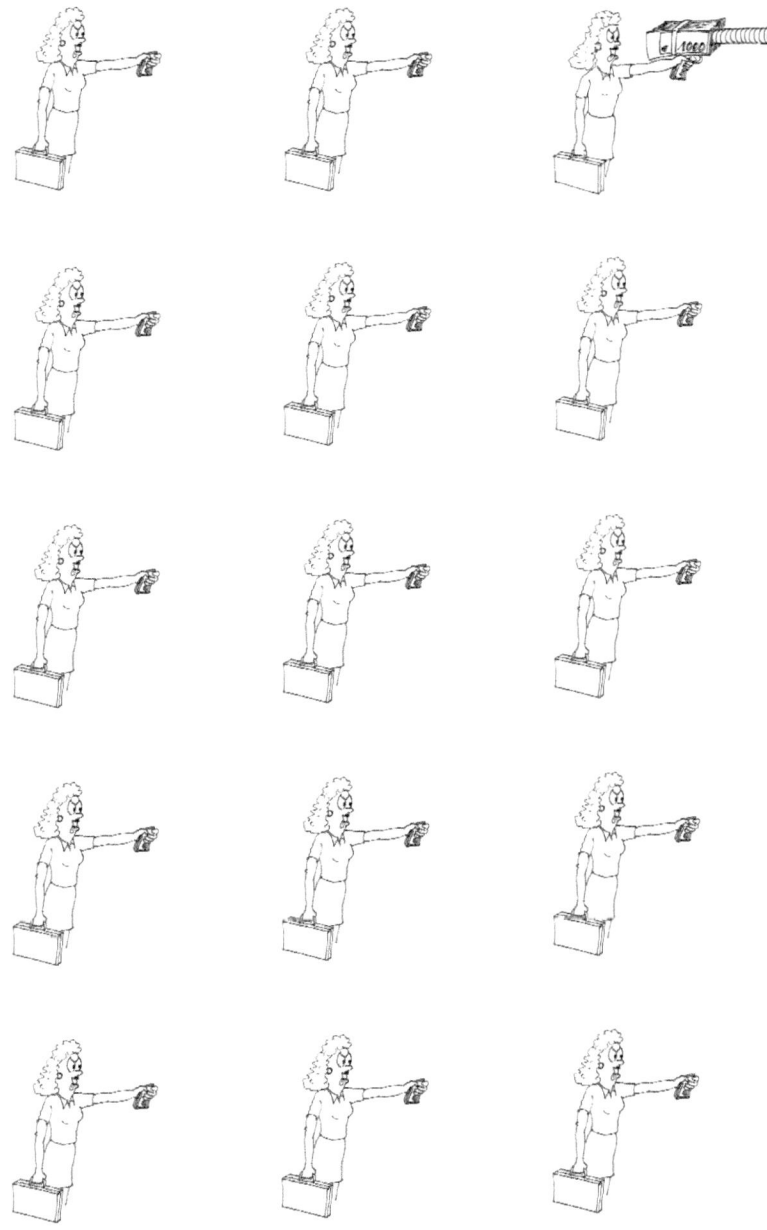

3. nap

1 ajánlat: 12.865,-

elfutni!

2 irkál:
- hagyd a pénzt dolgozni
- te ismered a trükköket
- fogj egy ceruzát
- **megrajzolod a képeket**
- kövesd a jobb felső példát
- nevess, nevess, nevess
- a képzeleted nem ismer határokat

3 csal: **Ki fizessen? , döntsd el Te!:**
- ☐ adófizetők
- ☐ idióták
- ☐ állam
- ☐ takarékoskodók
- ☐ kommunisták
- ☐ kapitalisták
- ☐ populisták
- ☐ EU
- ☐ Brüsszel
- ☐ szomszéd

4 gyűjt:

a mai nyereséged: **2.046,-**

Az egész vagyonod: **14.910,-**

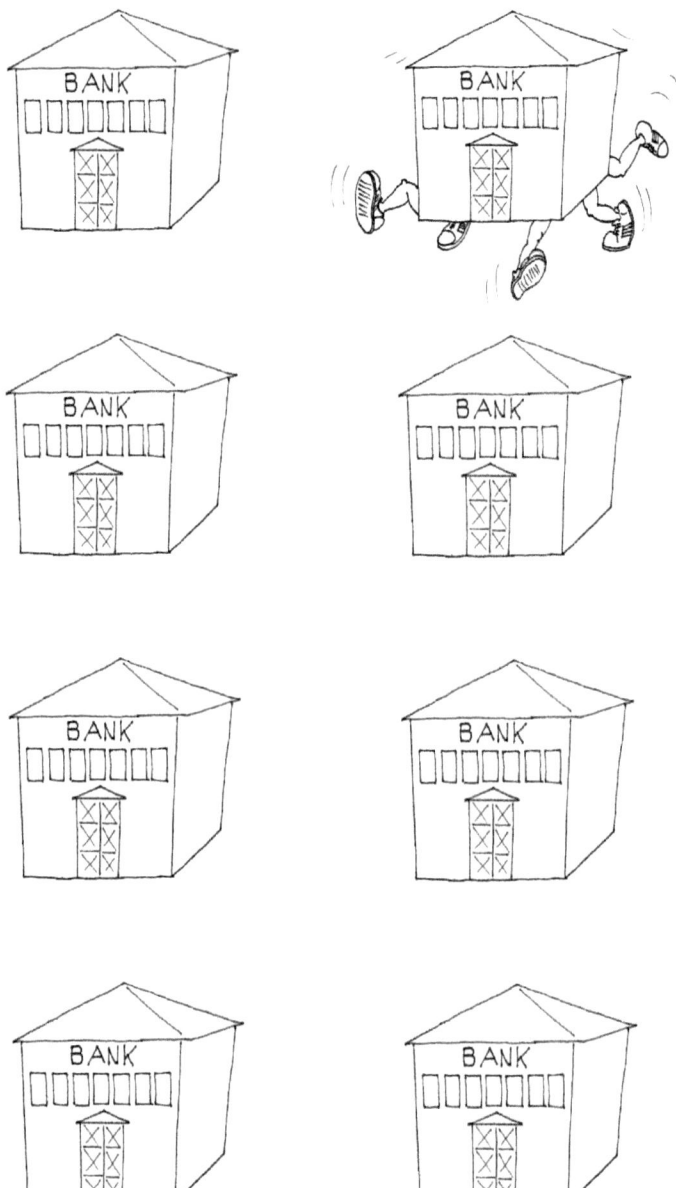

4. nap

1 ajánlat: 14.910,-

kapkodjál!

2 irkál:
- hagyd a pénzt dolgozni
- te ismered a trükköket
- fogj egy ceruzát
- **megrajzolod a képeket**
- kövesd a jobb felső példát
- nevess, nevess, nevess
- a képzeleted nem ismer határokat

3 csal: **Ki fizessen? , döntsd el Te!:**

- ☐ adófizetők
- ☐ idióták
- ☐ állam
- ☐ takarékoskodók
- ☐ kommunisták
- ☐ kapitalisták
- ☐ populisták
- ☐ EU
- ☐ Brüsszel
- ☐ szomszéd
- ☐ …

4 gyűjt:
a mai nyereséged: **2.371,-**
Az egész vagyonod: **17.281,-**

5. nap

1 ajánlat: **17.281,-**

vágd le a disznót

2 irkál:
- hagyd a pénzt dolgozni
- te ismered a trükköket
- fogj egy ceruzát
- **megrajzolod a képeket**
- kövesd a jobb felső példát
- nevess, nevess, nevess
- a képzeleted nem ismer határokat

3 csal: **Ki fizessen? , döntsd el Te!:**

☐ adófizetők
☐ idióták
☐ állam
☐ takarékoskodók
☐ kommunisták
☐ kapitalisták
☐ populisták
☐ EU
☐ Brüsszel
☐ szomszéd
☐ …

4 gyűjt: a mai nyereséged: **2.748,-**
                        Az egész vagyonod: **20.029,-**

6. nap

1 ajánlat: **20.029,-**

gyújtsd meg a bombát!

2 irkál:
- hagyd a pénzt dolgozni
- te ismered a trükköket
- fogj egy ceruzát
- **megrajzolod a képeket**
- kövesd a jobb felső példát
- nevess, nevess, nevess
- a képzeleted nem ismer határokat

3 csal: **Ki fizessen? , döntsd el Te!:**
- ☐ adófizetők
- ☐ idióták
- ☐ állam
- ☐ takarékoskodók
- ☐ kommunisták
- ☐ kapitalisták
- ☐ populisták
- ☐ EU
- ☐ Brüsszel
- ☐ szomszéd

4 gyűjt:
a mai nyereséged: **3.185,-**
Az egész vagyonod: **23.213,-**

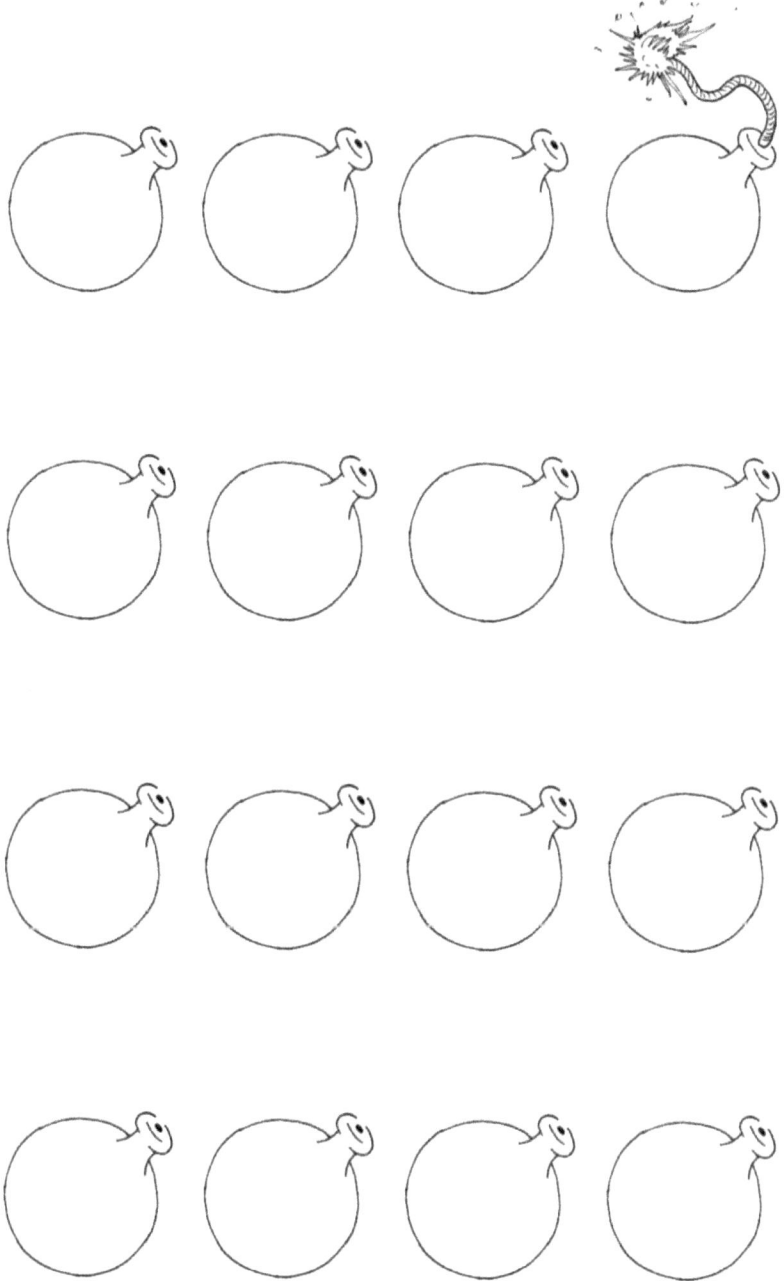

7. nap

1 ajánlat: 23.213,-

hagyd a pénzt dolgozni!

2 irkál:
- hagyd a pénzt dolgozni
- te ismered a trükköket
- fogj egy ceruzát
- **megrajzolod a képeket**
- kövesd a jobb felső példát
- nevess, nevess, nevess
- a képzeleted nem ismer határokat

3 csal: **Ki fizessen? , döntsd el Te!:**
- ☐ adófizetők
- ☐ idióták
- ☐ állam
- ☐ takarékoskodók
- ☐ kommunisták
- ☐ kapitalisták
- ☐ populisták
- ☐ EU
- ☐ Brüsszel
- ☐ szomszéd
- ☐ …

4 gyűjt:
a mai nyereséged: **3.691,-**
Az egész vagyonod: **26.904,-**

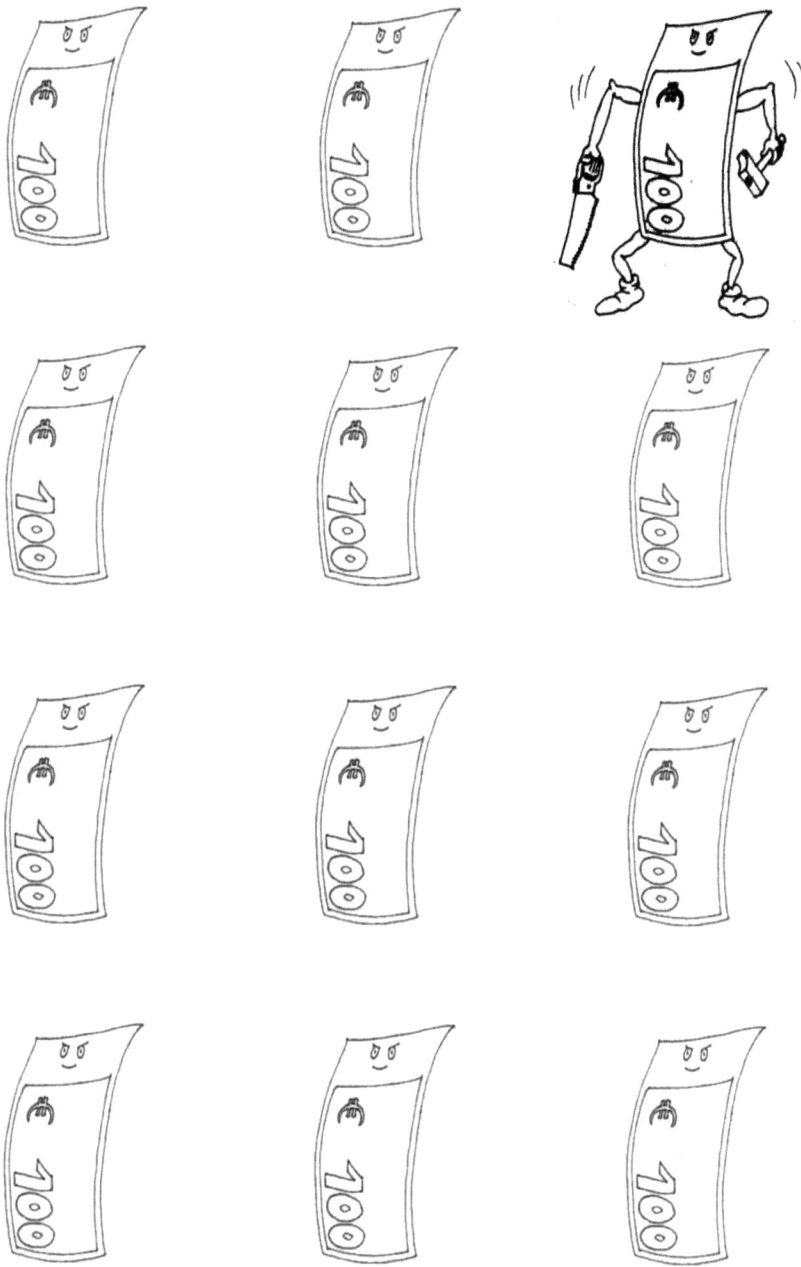

8. nap

1 ajánlat: 26.904,-

növekedés mindörökké

2 irkál:
- hagyd a pénzt dolgozni
- te ismered a trükköket
- fogj egy ceruzát
- **megrajzolod a képeket**
- kövesd a jobb felső példát
- nevess, nevess, nevess
- a képzeleted nem ismer határokat

3 csal: **Ki fizessen? , döntsd el Te!:**

☐ adófizetők
☐ idióták
☐ állam
☐ takarékoskodók
☐ kommunisták
☐ kapitalisták
☐ populisták
☐ EU
☐ Brüsszel
☐ szomszéd
☐ …

4 gyűjt: a mai nyereséged: **4.278,-**
                    Az egész vagyonod: **31.182,-**

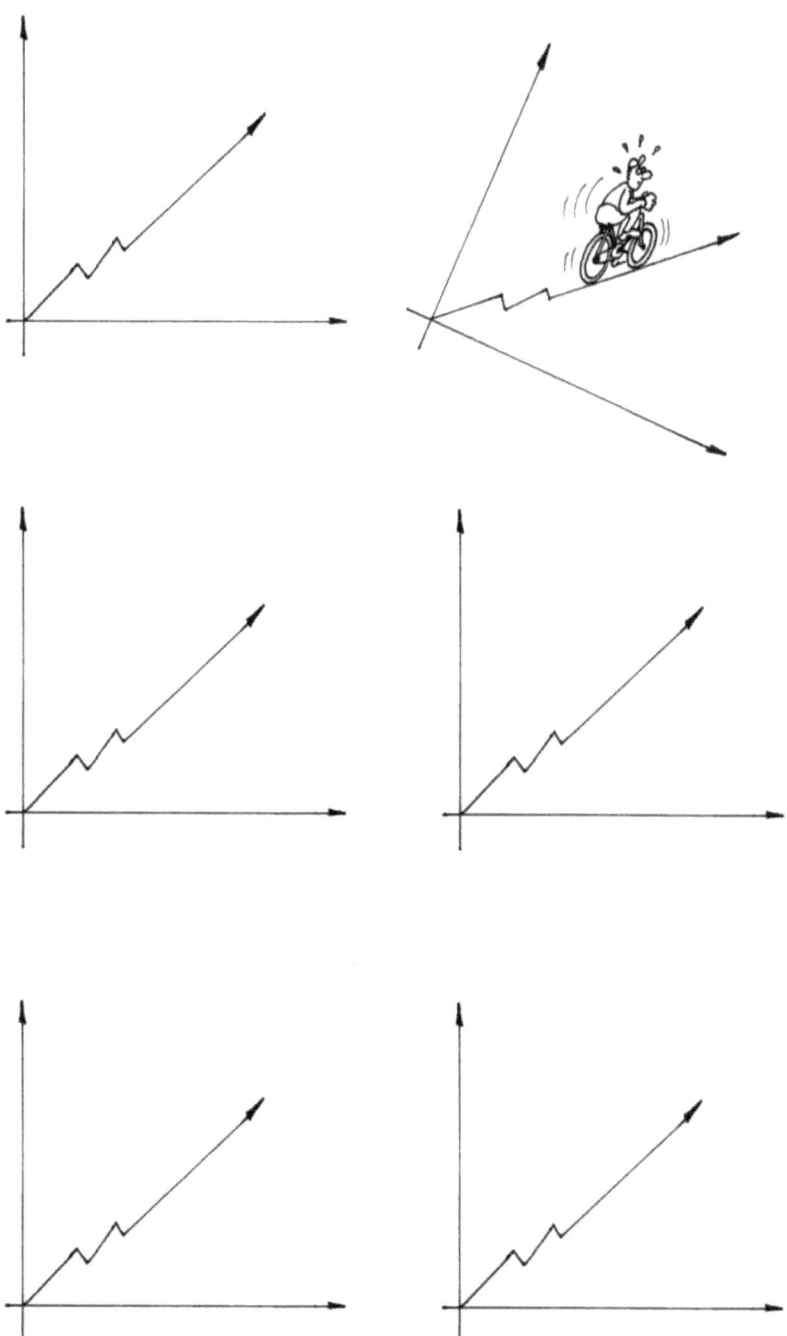

9. nap

1 ajánlat: 31.182,-

lopj egy bankot!

2 irkál:
- hagyd a pénzt dolgozni
- te ismered a trükköket
- fogj egy ceruzát
- **megrajzolod a képeket**
- kövesd a jobb felső példát
- nevess, nevess, nevess
- a képzeleted nem ismer határokat

3 csal: **Ki fizessen? , döntsd el Te!:**

- ☐ adófizetők
- ☐ idióták
- ☐ állam
- ☐ takarékoskodók
- ☐ kommunisták
- ☐ kapitalisták
- ☐ populisták
- ☐ EU
- ☐ Brüsszel
- ☐ szomszéd
- ☐ …

4 gyűjt:

a mai nyereséged: **4.958,-**
Az egész vagyonod: **36.140,-**

10. nap

1 ajánlat: 36.140,-

vesztegess!

2 irkál:
- hagyd a pénzt dolgozni
- te ismered a trükköket
- fogj egy ceruzát
- **megrajzolod a képeket**
- kövesd a jobb felső példát
- nevess, nevess, nevess
- a képzeleted nem ismer határokat

3 csal: **Ki fizessen? , döntsd el Te!:**

- ☐ adófizetők
- ☐ idióták
- ☐ állam
- ☐ takarékoskodók
- ☐ kommunisták
- ☐ kapitalisták
- ☐ populisták
- ☐ EU
- ☐ Brüsszel
- ☐ szomszéd
- ☐ …

4 gyűjt: a mai nyereséged: **5.746,-**
                         Az egész vagyonod: **41.886,-**

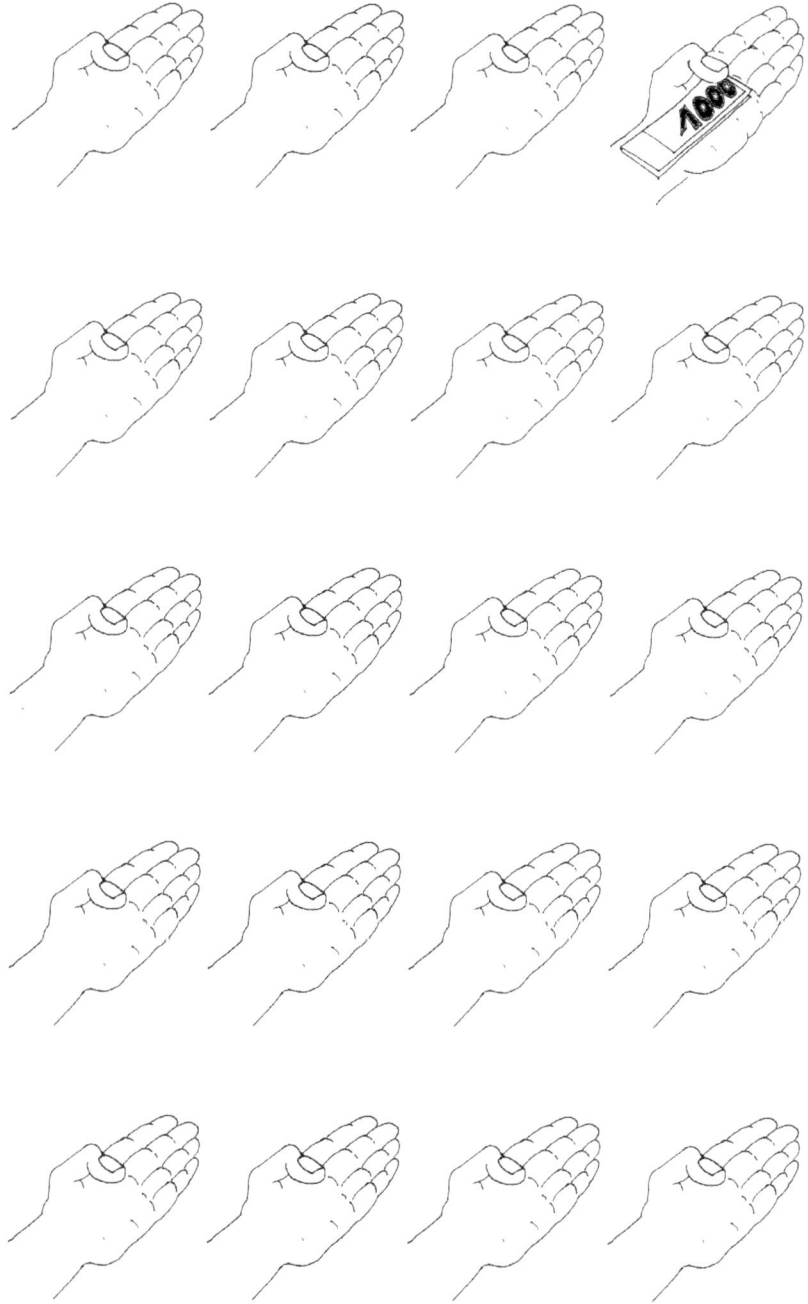

11. nap

1 ajánlat: 41.886,-

nézz (tekints) a jövőbe !

2 irkál:
- hagyd a pénzt dolgozni
- te ismered a trükköket
- fogj egy ceruzát
- **megrajzolod a képeket**
- kövesd a jobb felső példát
- nevess, nevess, nevess
- a képzeleted nem ismer határokat

3 csal: **Ki fizessen? , döntsd el Te!:**

        ☐ adófizetők
        ☐ idióták
        ☐ állam
        ☐ takarékoskodók
        ☐ kommunisták
        ☐ kapitalisták
        ☐ populisták
        ☐ EU
        ☐ Brüsszel
        ☐ szomszéd
        ☐ …

4 gyűjt: a mai nyereséged: **6.660,-**
                 Az egész vagyonod: **48.546,-**

12. nap

1 ajánlat: 48.546,-

Német autók

2 irkál:
- hagyd a pénzt dolgozni
- te ismered a trükköket
- fogj egy ceruzát
- **megrajzolod a képeket**
- kövesd a jobb felső példát
- nevess, nevess, nevess
- a képzeleted nem ismer határokat

3 csal: **Ki fizessen? , döntsd el Te!:**

       ☐ adófizetők
       ☐ idióták
       ☐ állam
       ☐ takarékoskodók
       ☐ kommunisták
       ☐ kapitalisták
       ☐ populisták
       ☐ EU
       ☐ Brüsszel
       ☐ szomszéd
       ☐ …

4 gyűjt: a mai nyereséged: **7.719,-**
               Az egész vagyonod: **56.265,-**

13. nap

1 ajánlat: 56.265,-

a medve a tőzsdén van

2 irkál:
- hagyd a pénzt dolgozni
- te ismered a trükköket
- fogj egy ceruzát
- **megrajzolod a képeket**
- kövesd a jobb felső példát
- nevess, nevess, nevess
- a képzeleted nem ismer határokat

3 csal: **Ki fizessen? , döntsd el Te!:**

- ☐ adófizetők
- ☐ idióták
- ☐ állam
- ☐ takarékoskodók
- ☐ kommunisták
- ☐ kapitalisták
- ☐ populisták
- ☐ EU
- ☐ Brüsszel
- ☐ szomszéd
- ☐ …

4 gyűjt:

a mai nyereséged: **8.946,-**
Az egész vagyonod: **65.212,-**

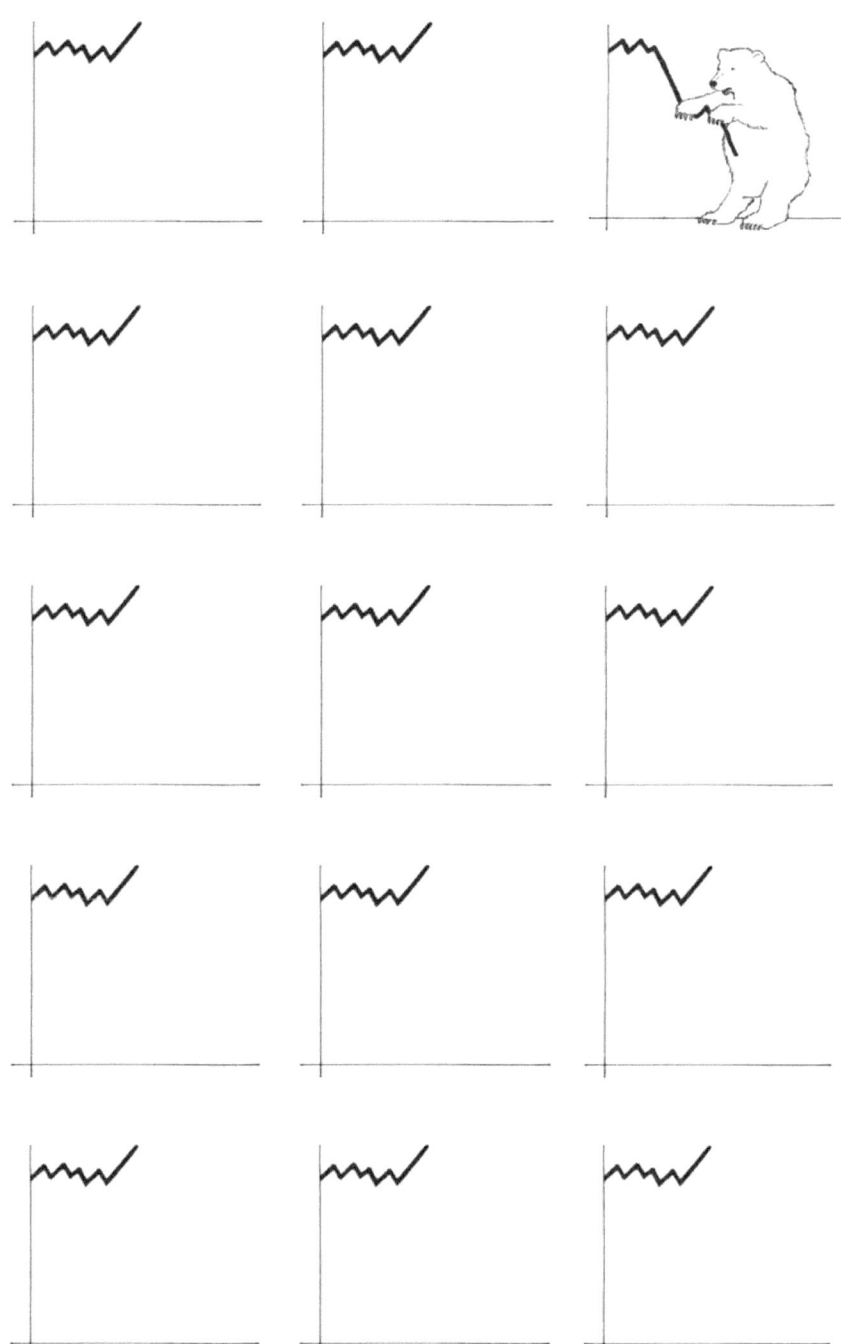

14. nap

1 ajánlat: **65.212,-**

nem tud elsüllyedni

2 irkál:
- hagyd a pénzt dolgozni
- te ismered a trükköket
- fogj egy ceruzát
- **megrajzolod a képeket**
- kövesd a jobb felső példát
- nevess, nevess, nevess
- a képzeleted nem ismer határokat

3 csal: **Ki fizessen? , döntsd el Te!:**

- ☐ adófizetők
- ☐ idióták
- ☐ állam
- ☐ takarékoskodók
- ☐ kommunisták
- ☐ kapitalisták
- ☐ populisták
- ☐ EU
- ☐ Brüsszel
- ☐ szomszéd
- ☐ …

4 gyűjt:

a mai nyereséged: **10.369,-**
Az egész vagyonod: **75.580,-**

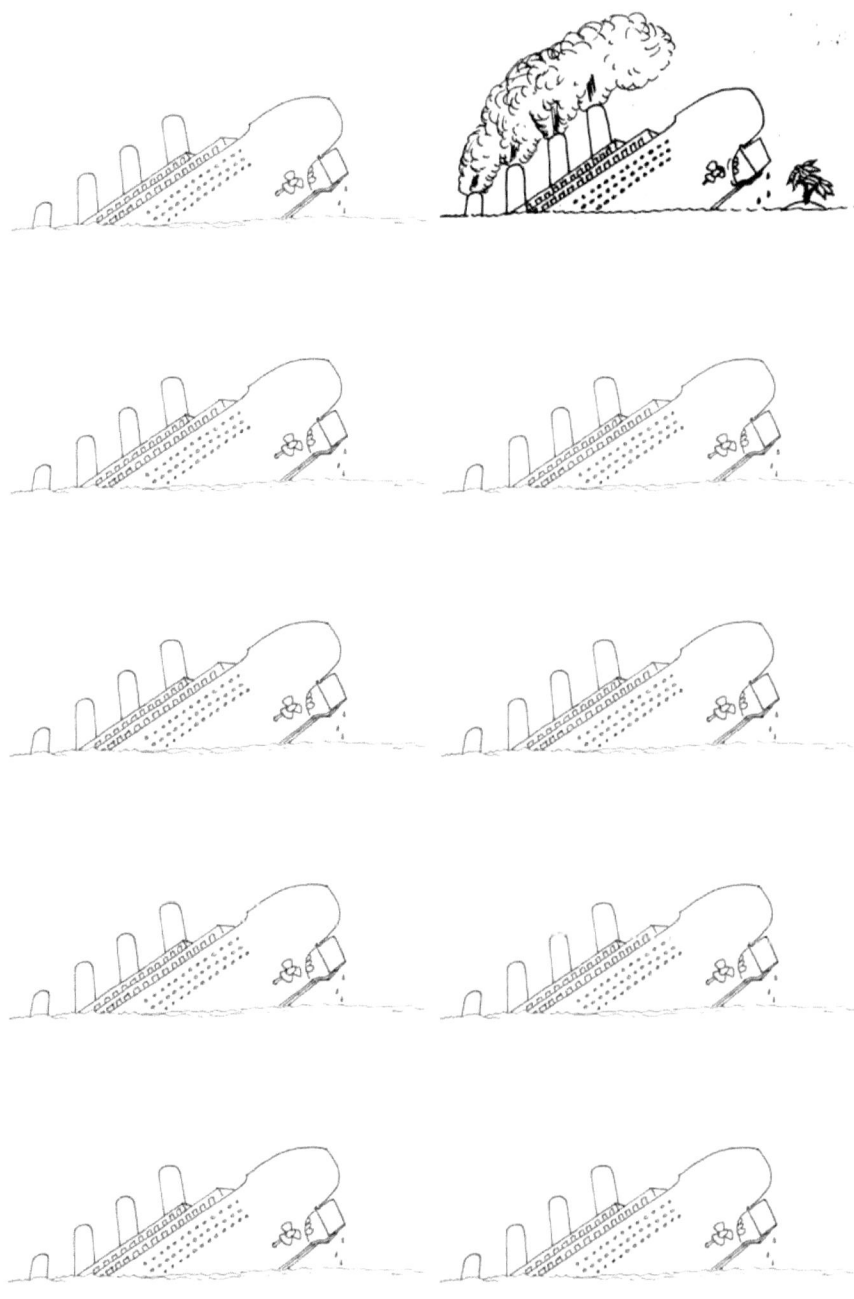

15. nap

1 ajánlat: 75.580,-

mutasd a fogaidat!

2 irkál:
- hagyd a pénzt dolgozni
- te ismered a trükköket
- fogj egy ceruzát
- **megrajzolod a képeket**
- kövesd a jobb felső példát
- nevess, nevess, nevess
- a képzeleted nem ismer határokat

3 csal: **Ki fizessen? , döntsd el Te!:**

☐ adófizetők
☐ idióták
☐ állam
☐ takarékoskodók
☐ kommunisták
☐ kapitalisták
☐ populisták
☐ EU
☐ Brüsszel
☐ szomszéd
☐ …

4 gyűjt:

a mai nyereséged: **12.017,-**
Az egész vagyonod: **87.597,-**

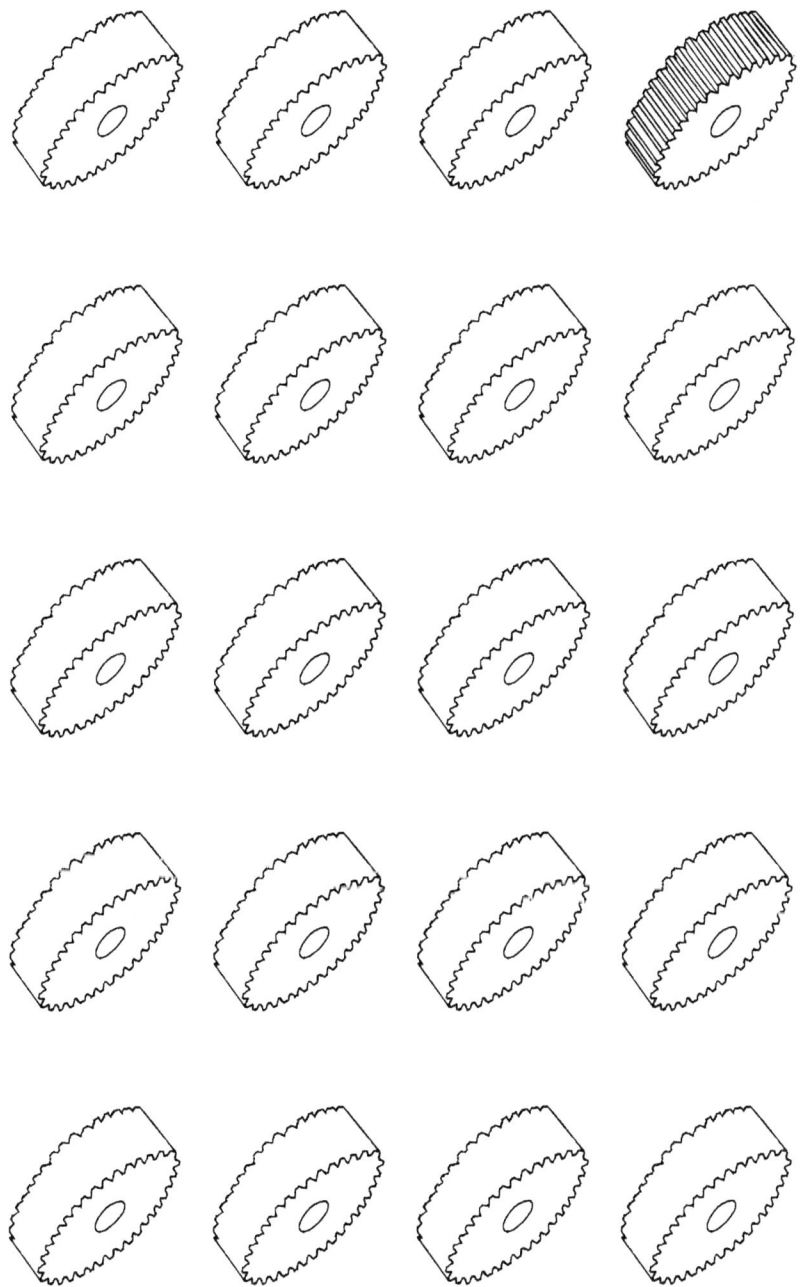

16. nap

1 ajánlat: **87.597,-**

zöld technológia

2 irkál:
- hagyd a pénzt dolgozni
- te ismered a trükköket
- fogj egy ceruzát
- **megrajzolod a képeket**
- kövesd a jobb felső példát
- nevess, nevess, nevess
- a képzeleted nem ismer határokat

3 csal: **Ki fizessen? , döntsd el Te!:**
- ☐ adófizetők
- ☐ idióták
- ☐ állam
- ☐ takarékoskodók
- ☐ kommunisták
- ☐ kapitalisták
- ☐ populisták
- ☐ EU
- ☐ Brüsszel
- ☐ szomszéd
- ☐ …

4 gyűjt:

a mai nyereséged: **13.928,-**
Az egész vagyonod: **101.525,-**

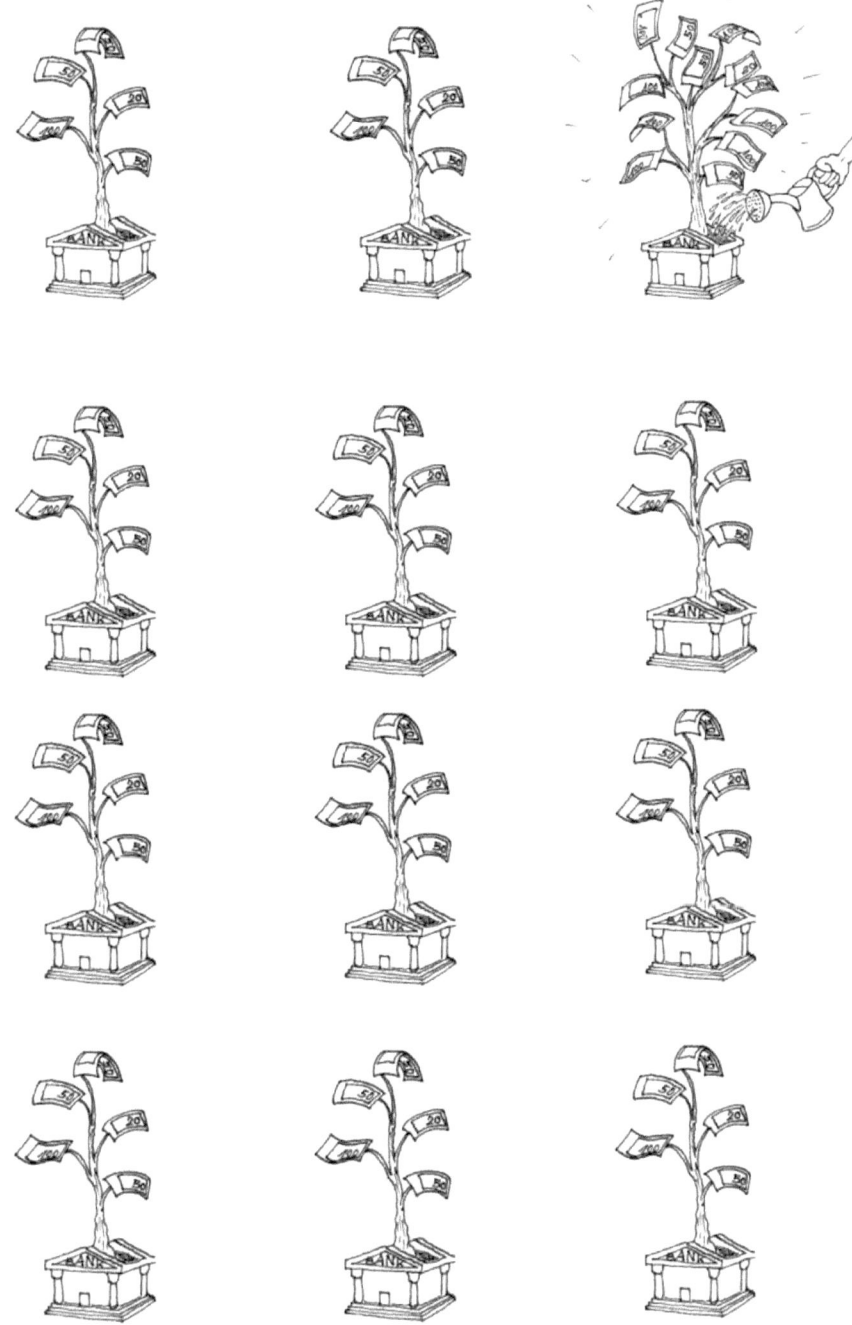

17. nap

1 ajánlat: **101.525,-**

az alattvaló

2 irkál:
- hagyd a pénzt dolgozni
- te ismered a trükköket
- fogj egy ceruzát
- **megrajzolod a képeket**
- kövesd a jobb felső példát
- nevess, nevess, nevess
- a képzeleted nem ismer határokat

3 csal: **Ki fizessen? , döntsd el Te!:**

☐ adófizetők
☐ idióták
☐ állam
☐ takarékoskodók
☐ kommunisták
☐ kapitalisták
☐ populisták
☐ EU
☐ Brüsszel
☐ szomszéd
☐ …

4 gyűjt: a mai nyereséged: **16.143,-**
              Az egész vagyonod: **117.668,-**

18. nap

1 ajánlat:　　　　　　　　　　　　　　　　117.668,-

aranyszamár

2 irkál:
- hagyd a pénzt dolgozni
- te ismered a trükköket
- fogj egy ceruzát
- **megrajzolod a képeket**
- kövesd a jobb felső példát
- nevess, nevess, nevess
- a képzeleted nem ismer határokat

3 csal:　　**Ki fizessen? , döntsd el Te!:**

☐　adófizetők
☐　idióták
☐　állam
☐　takarékoskodók
☐　kommunisták
☐　kapitalisták
☐　populisták
☐　EU
☐　Brüsszel
☐　szomszéd
☐　…

4 gyűjt:　　　　a mai nyereséged:　**18.709,-**
　　　　　　　Az egész vagyonod:　**136.377,-**

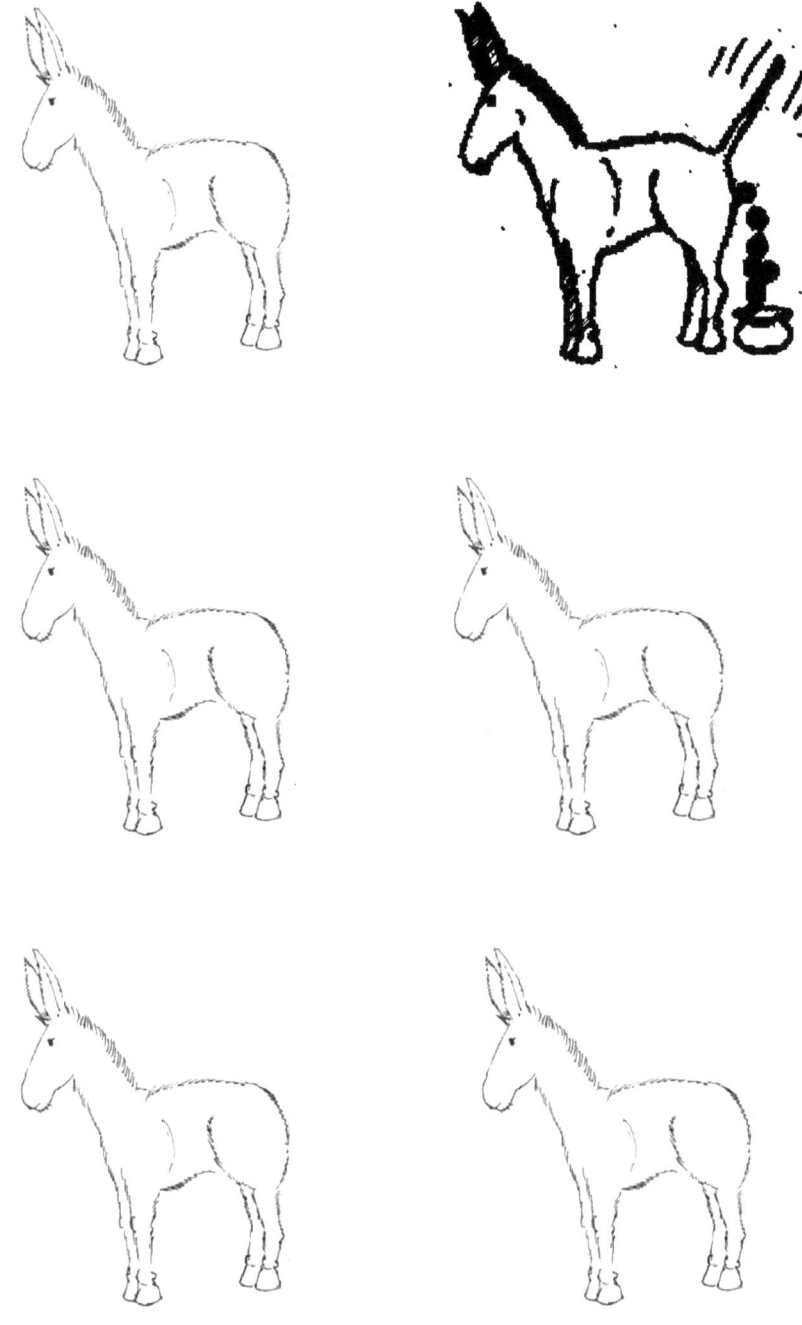

19. nap

1 ajánlat: **136.377**

szöcskék

2 irkál:
- hagyd a pénzt dolgozni
- te ismered a trükköket
- fogj egy ceruzát
- **megrajzolod a képeket**
- kövesd a jobb felső példát
- nevess, nevess, nevess
- a képzeleted nem ismer határokat

3 csal: **Ki fizessen? , döntsd el Te!:**
- ☐ adófizetők
- ☐ idióták
- ☐ állam
- ☐ takarékoskodók
- ☐ kommunisták
- ☐ kapitalisták
- ☐ populisták
- ☐ EU
- ☐ Brüsszel
- ☐ szomszéd
- ☐ …

4 gyűjt:
a mai nyereséged: **21.684,-**
Az egész vagyonod: **158.061,-**

20. nap

1 ajánlat: 158.061,-

luxus

2 irkál:
- hagyd a pénzt dolgozni
- te ismered a trükköket
- fogj egy ceruzát
- **megrajzolod a képeket**
- kövesd a jobb felső példát
- nevess, nevess, nevess
- a képzeleted nem ismer határokat

3 csal: **Ki fizessen? , döntsd el Te!:**

- ☐ adófizetők
- ☐ idióták
- ☐ állam
- ☐ takarékoskodók
- ☐ kommunisták
- ☐ kapitalisták
- ☐ populisták
- ☐ EU
- ☐ Brüsszel
- ☐ szomszéd
- ☐ …

4 gyűjt: a mai nyereséged: **25.132,-**
                    Az egész vagyonod: **183.193,-**

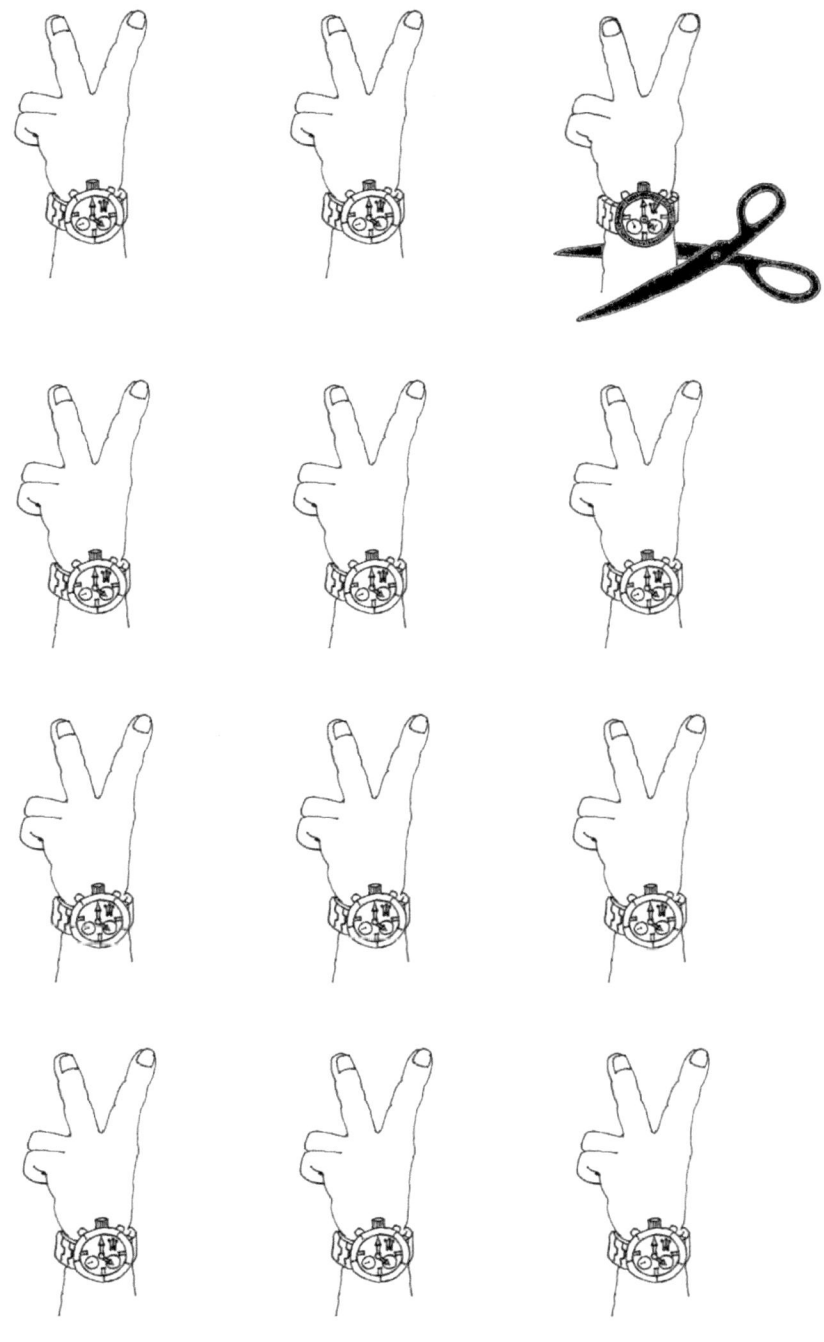

21. nap

1 ajánlat: 183.193,-

a varázsló

2 irkál:
- hagyd a pénzt dolgozni
- te ismered a trükköket
- fogj egy ceruzát
- **megrajzolod a képeket**
- kövesd a jobb felső példát
- nevess, nevess, nevess
- a képzeleted nem ismer határokat

3 csal: **Ki fizessen? , döntsd el Te!:**
- ☐ adófizetők
- ☐ idióták
- ☐ állam
- ☐ takarékoskodók
- ☐ kommunisták
- ☐ kapitalisták
- ☐ populisták
- ☐ EU
- ☐ Brüsszel
- ☐ szomszéd
- ☐ …

4 gyűjt: a mai nyereséged: **29.158,-**
                   Az egész vagyonod: **212.320,-**

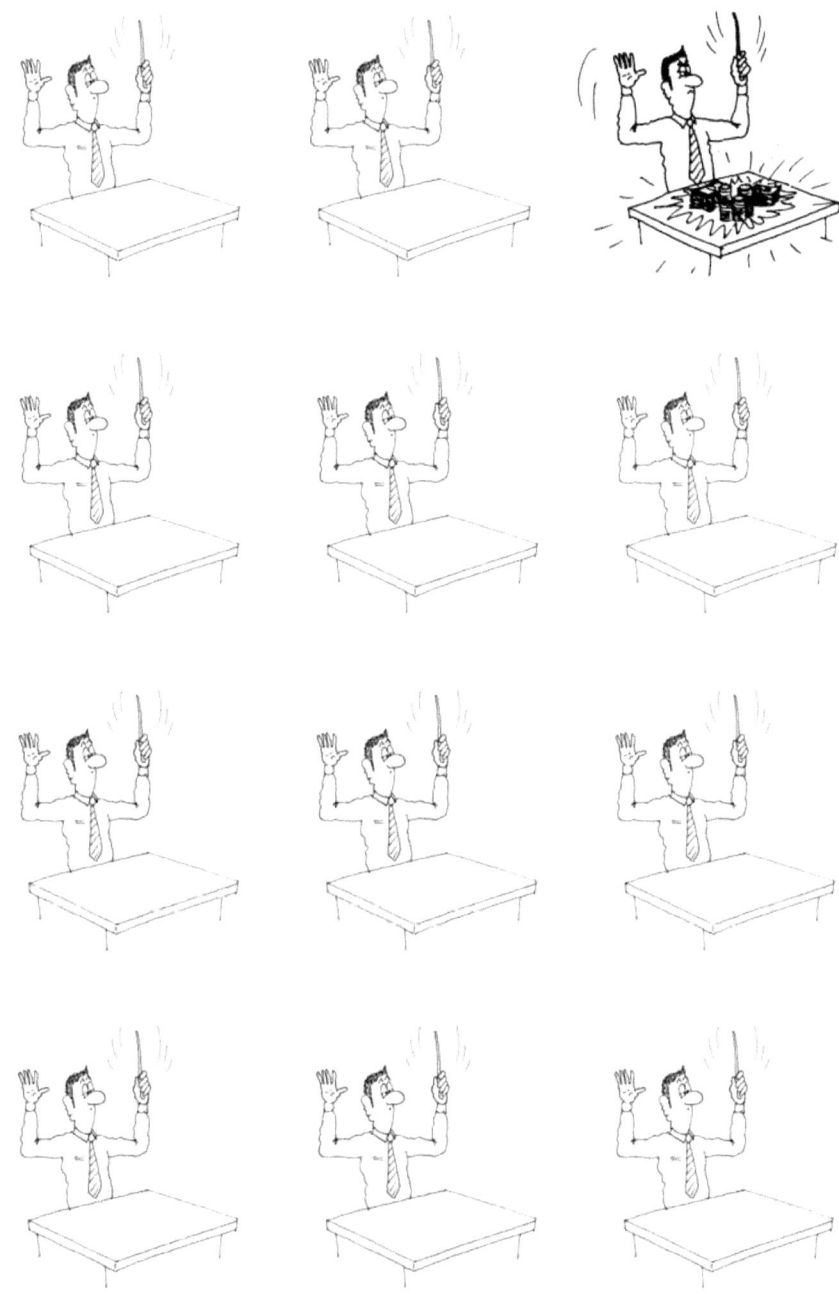

22. nap

1 ajánlat: 212.320,-

egyszer volt

2 irkál:
- hagyd a pénzt dolgozni
- te ismered a trükköket
- fogj egy ceruzát
- **megrajzolod a képeket**
- kövesd a jobb felső példát
- nevess, nevess, nevess
- a képzeleted nem ismer határokat

3 csal: **Ki fizessen? , döntsd el Te!:**

☐ adófizetők
☐ idióták
☐ állam
☐ takarékoskodók
☐ kommunisták
☐ kapitalisták
☐ populisták
☐ EU
☐ Brüsszel
☐ szomszéd
☐ …

4 gyűjt: a mai nyereséged: **33.759,-**
                    Az egész vagyonod: **246.079,-**

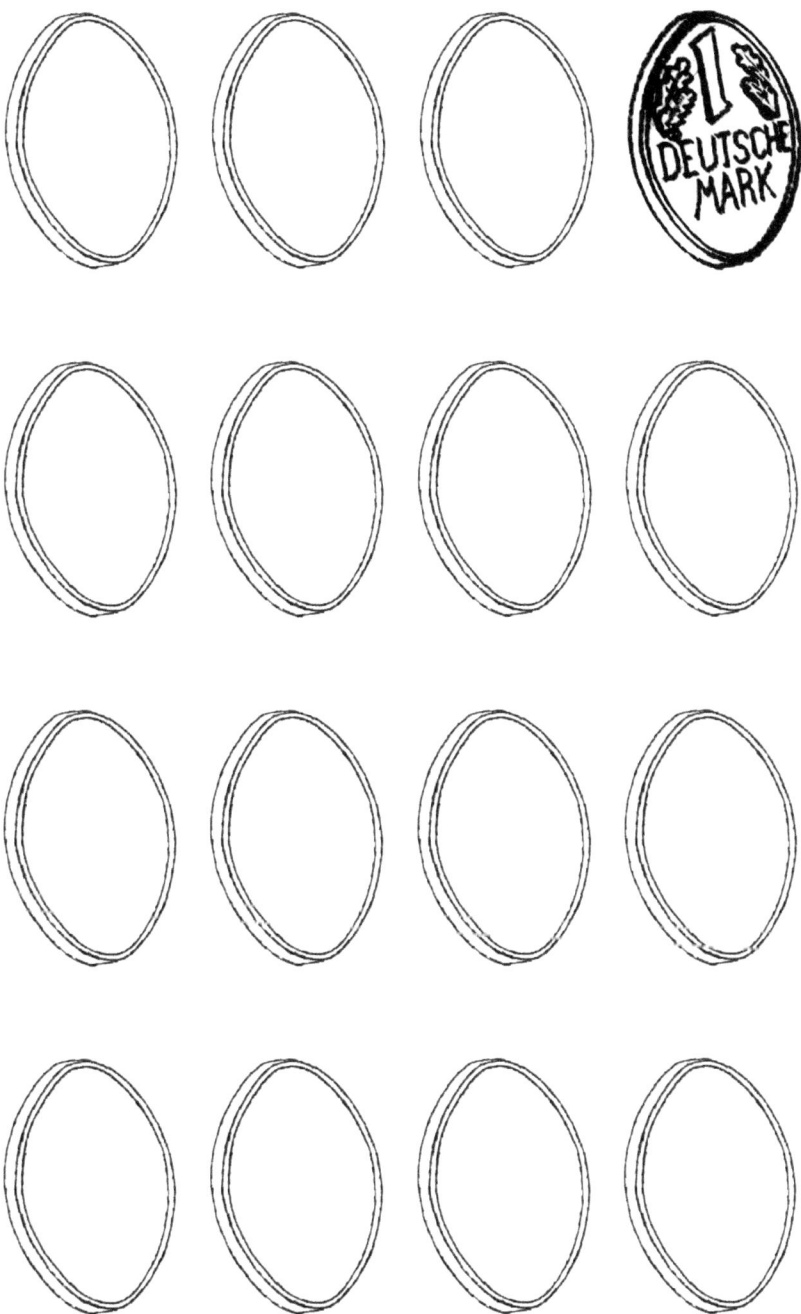

23. nap

1 ajánlat: 246.079,-

új divat

2 irkál:
- hagyd a pénzt dolgozni
- te ismered a trükköket
- fogj egy ceruzát
- **megrajzolod a képeket**
- kövesd a jobb felső példát
- nevess, nevess, nevess
- a képzeleted nem ismer határokat

3 csal: **Ki fizessen? , döntsd el Te!:**
- ☐ adófizetők
- ☐ idióták
- ☐ állam
- ☐ takarékoskodók
- ☐ kommunisták
- ☐ kapitalisták
- ☐ populisták
- ☐ EU
- ☐ Brüsszel
- ☐ szomszéd
- ☐ …

4 gyűjt:
a mai nyereséged: **39.127,-**
Az egész vagyonod: **285.206,-**

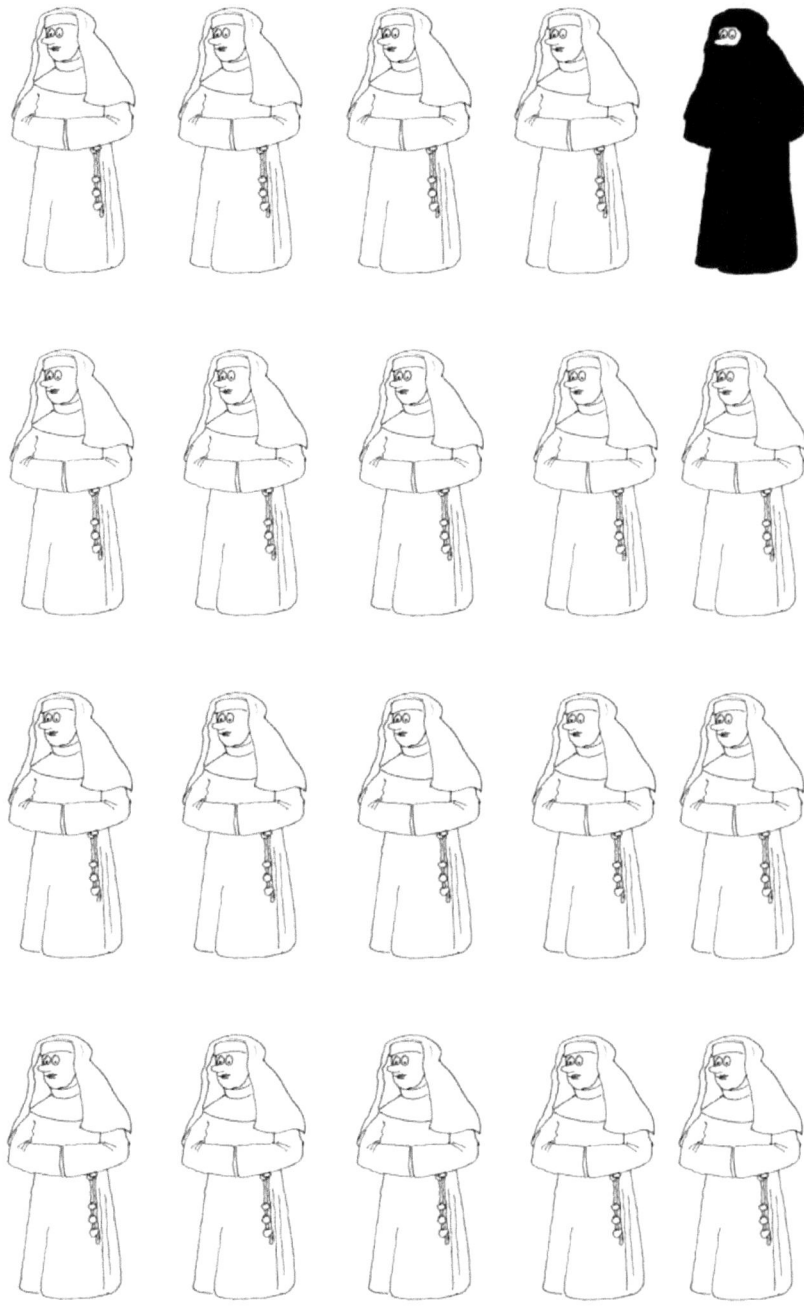

/ **24. nap** /

1 ajánlat: 285.206,-

a pénz dolgozik

2 irkál:
- hagyd a pénzt dolgozni
- te ismered a trükköket
- fogj egy ceruzát
- **megrajzolod a képeket**
- kövesd a jobb felső példát
- nevess, nevess, nevess
- a képzeleted nem ismer határokat

3 csal: **Ki fizessen? , döntsd el Te!:**

- ☐ adófizetők
- ☐ idióták
- ☐ állam
- ☐ takarékoskodók
- ☐ kommunisták
- ☐ kapitalisták
- ☐ populisták
- ☐ EU
- ☐ Brüsszel
- ☐ szomszéd
- ☐ …

4 gyűjt:
a mai nyereséged: **45.348,-**
Az egész vagyonod: **330.554,-**

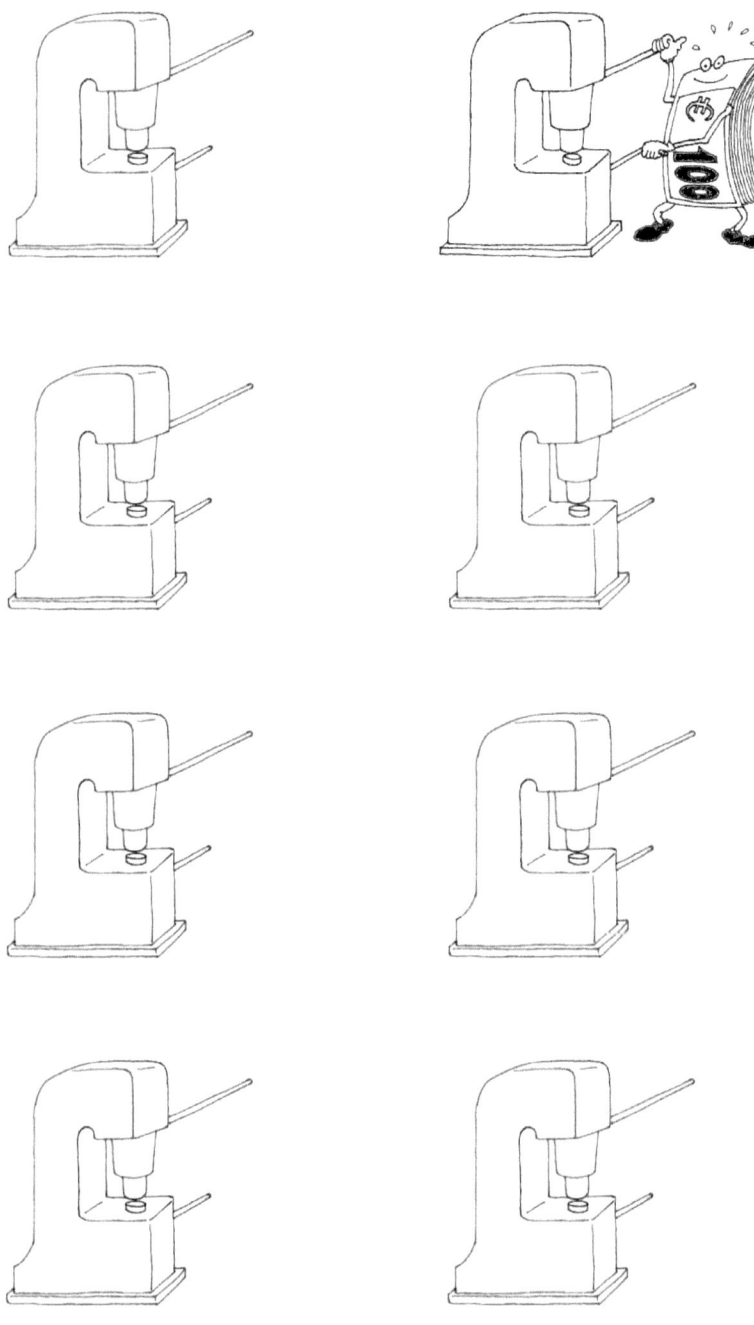

25. nap

1 ajánlat: 330.554,-

ötletek

2 irkál:
- hagyd a pénzt dolgozni
- te ismered a trükköket
- fogj egy ceruzát
- **megrajzolod a képeket**
- kövesd a jobb felső példát
- nevess, nevess, nevess
- a képzeleted nem ismer határokat

3 csal:

Ki fizessen? , döntsd el Te!:

- ☐ adófizetők
- ☐ idióták
- ☐ állam
- ☐ takarékoskodók
- ☐ kommunisták
- ☐ kapitalisták
- ☐ populisták
- ☐ EU
- ☐ Brüsszel
- ☐ szomszéd
- ☐ …

4 gyűjt:

a mai nyereséged: **52.558,-**
Az egész vagyonod: **383.112,-**

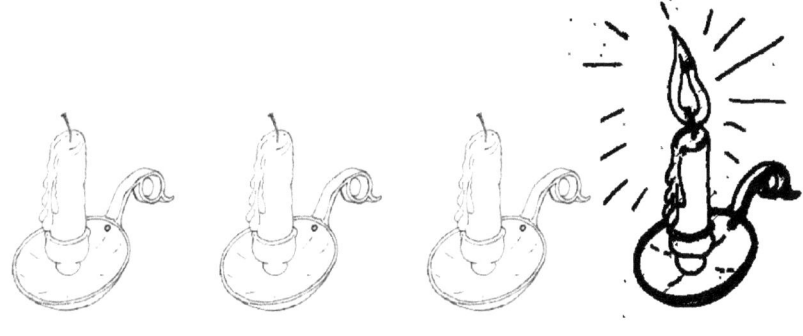

26. nap

1 ajánlat: **383.112,-**

elkerülni az adót!

2 irkál:
- hagyd a pénzt dolgozni
- te ismered a trükköket
- fogj egy ceruzát
- **megrajzolod a képeket**
- kövesd a jobb felső példát
- nevess, nevess, nevess
- a képzeleted nem ismer határokat

3 csal: **Ki fizessen? , döntsd el Te!:**

☐ adófizetők
☐ idióták
☐ állam
☐ takarékoskodók
☐ kommunisták
☐ kapitalisták
☐ populisták
☐ EU
☐ Brüsszel
☐ szomszéd
☐ …

4 gyűjt: a mai nyereséged: **60.915,-**
                       Az egész vagyonod: **444.026,-**

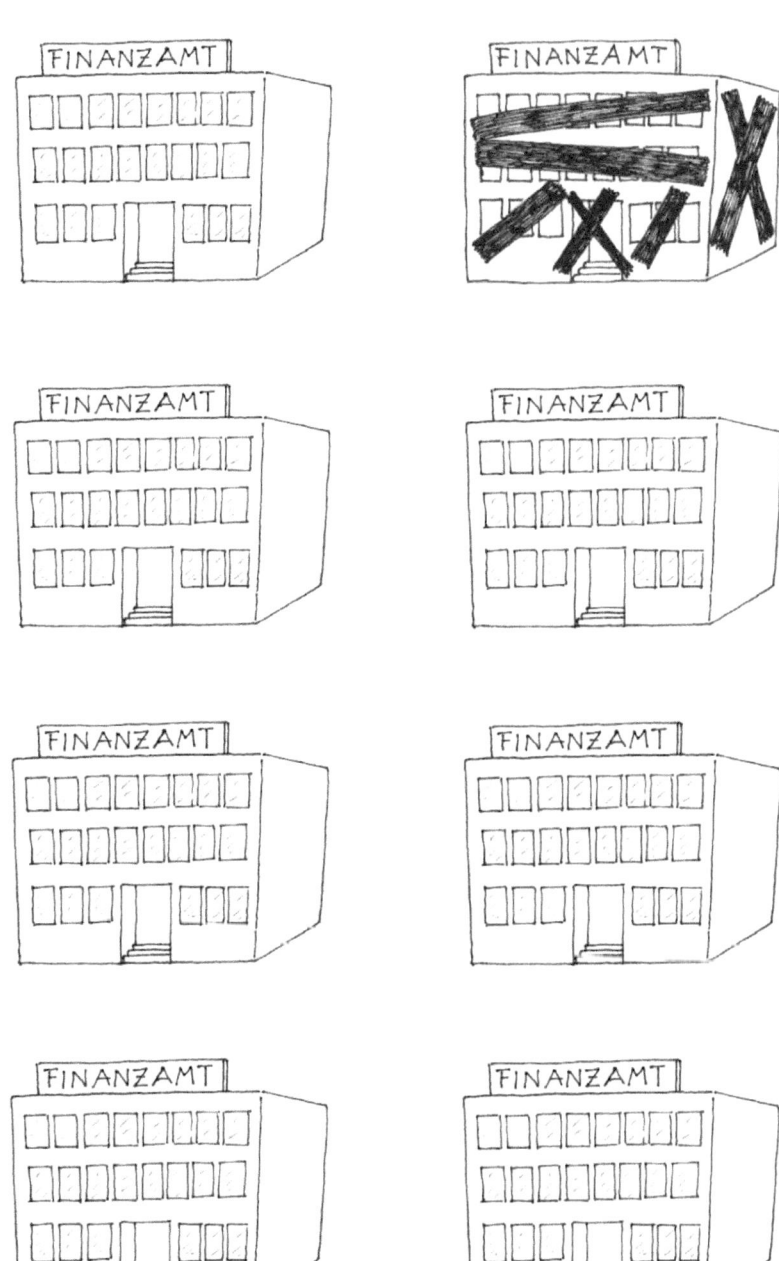

27. nap

1 ajánlat: 444.026,-

buborékok mindenhol

2 irkál:
- hagyd a pénzt dolgozni
- te ismered a trükköket
- fogj egy ceruzát
- **megrajzolod a képeket**
- kövesd a jobb felső példát
- nevess, nevess, nevess
- a képzeleted nem ismer határokat

3 csal: **Ki fizessen? , döntsd el Te!:**
- ☐ adófizetők
- ☐ idióták
- ☐ állam
- ☐ takarékoskodók
- ☐ kommunisták
- ☐ kapitalisták
- ☐ populisták
- ☐ EU
- ☐ Brüsszel
- ☐ szomszéd
- ☐ …

4 gyűjt:
a mai nyereséged: **70.600,-**
Az egész vagyonod: **514.627,-**

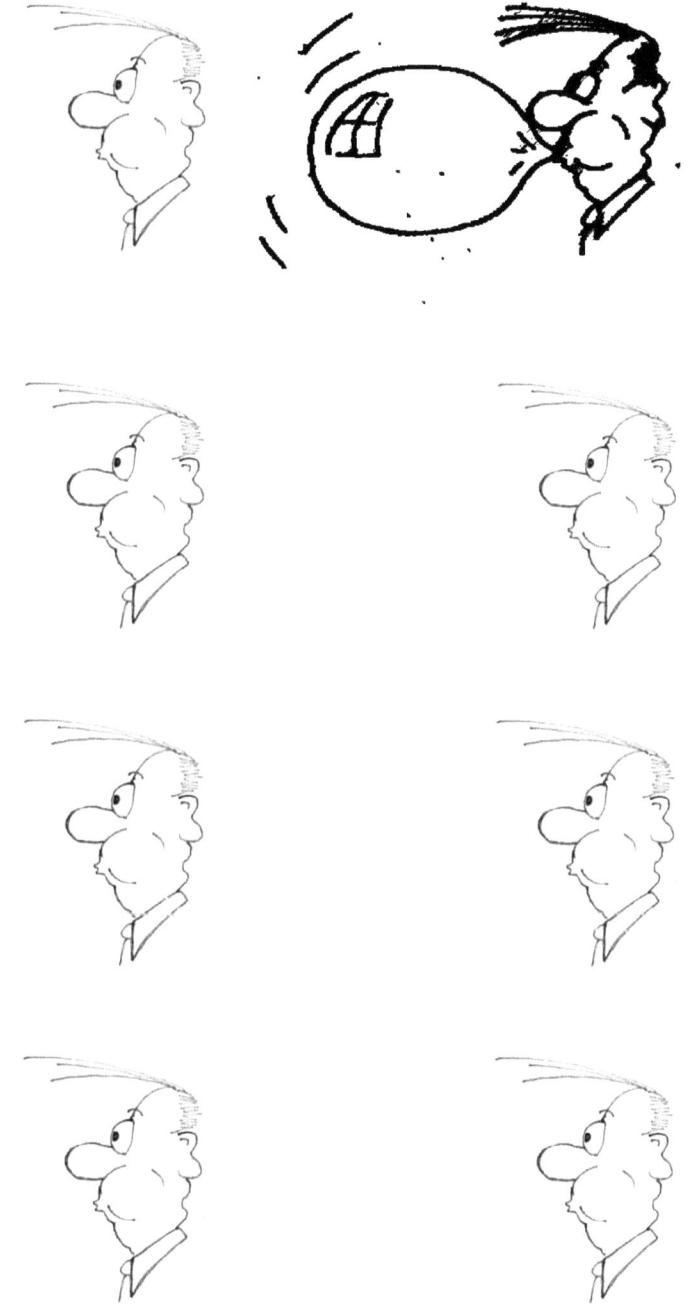

28. nap

1 ajánlat: **514.627,-**

motiváció?

2 irkál:
- hagyd a pénzt dolgozni
- te ismered a trükköket
- fogj egy ceruzát
- **megrajzolod a képeket**
- kövesd a jobb felső példát
- nevess, nevess, nevess
- a képzeleted nem ismer határokat

3 csal: **Ki fizessen? , döntsd el Te!:**

☐ adófizetők
☐ idióták
☐ állam
☐ takarékoskodók
☐ kommunisták
☐ kapitalisták
☐ populisták
☐ EU
☐ Brüsszel
☐ szomszéd
☐ …

4 gyűjt: a mai nyereséged: **81.826,-**
                Az egész vagyonod: **596.452,-**

29. nap

1 ajánlat: **596.452,-**

betörni!

2 irkál:
- hagyd a pénzt dolgozni
- te ismered a trükköket
- fogj egy ceruzát
- **megrajzolod a képeket**
- kövesd a jobb felső példát
- nevess, nevess, nevess
- a képzeleted nem ismer határokat

3 csal: **Ki fizessen? , döntsd el Te!:**
- ☐ adófizetők
- ☐ idióták
- ☐ állam
- ☐ takarékoskodók
- ☐ kommunisták
- ☐ kapitalisták
- ☐ populisták
- ☐ EU
- ☐ Brüsszel
- ☐ szomszéd
- ☐ …

4 gyűjt: a mai nyereséged: **94.836,-**
                 Az egész vagyonod: **691.288,-**

30. nap

1 ajánlat: 691.288,-

zárva!

2 irkál:
- hagyd a pénzt dolgozni
- te ismered a trükköket
- fogj egy ceruzát
- **megrajzolod a képeket**
- kövesd a jobb felső példát
- nevess, nevess, nevess
- a képzeleted nem ismer határokat

3 csal: **Ki fizessen? , döntsd el Te!:**
- ☐ adófizetők
- ☐ idióták
- ☐ állam
- ☐ takarékoskodók
- ☐ kommunisták
- ☐ kapitalisták
- ☐ populisták
- ☐ EU
- ☐ Brüsszel
- ☐ szomszéd
- ☐ …

4 gyűjt: a mai nyereséged: **109.915,-**
                  Az egész vagyonod: **801.203,-**

31. nap

1 ajánlat: 801.203,-

fellendülés!

2 irkál:
- hagyd a pénzt dolgozni
- te ismered a trükköket
- fogj egy ceruzát
- **megrajzolod a képeket**
- kövesd a jobb felső példát
- nevess, nevess, nevess
- a képzeleted nem ismer határokat

3 csal: **Ki fizessen? , döntsd el Te!:**

- ☐ adófizetők
- ☐ idióták
- ☐ állam
- ☐ takarékoskodók
- ☐ kommunisták
- ☐ kapitalisták
- ☐ populisták
- ☐ EU
- ☐ Brüsszel
- ☐ szomszéd
- ☐ …

4 gyűjt:

a mai nyereséged: 127.391,-
Az egész vagyonod: 928.594,-

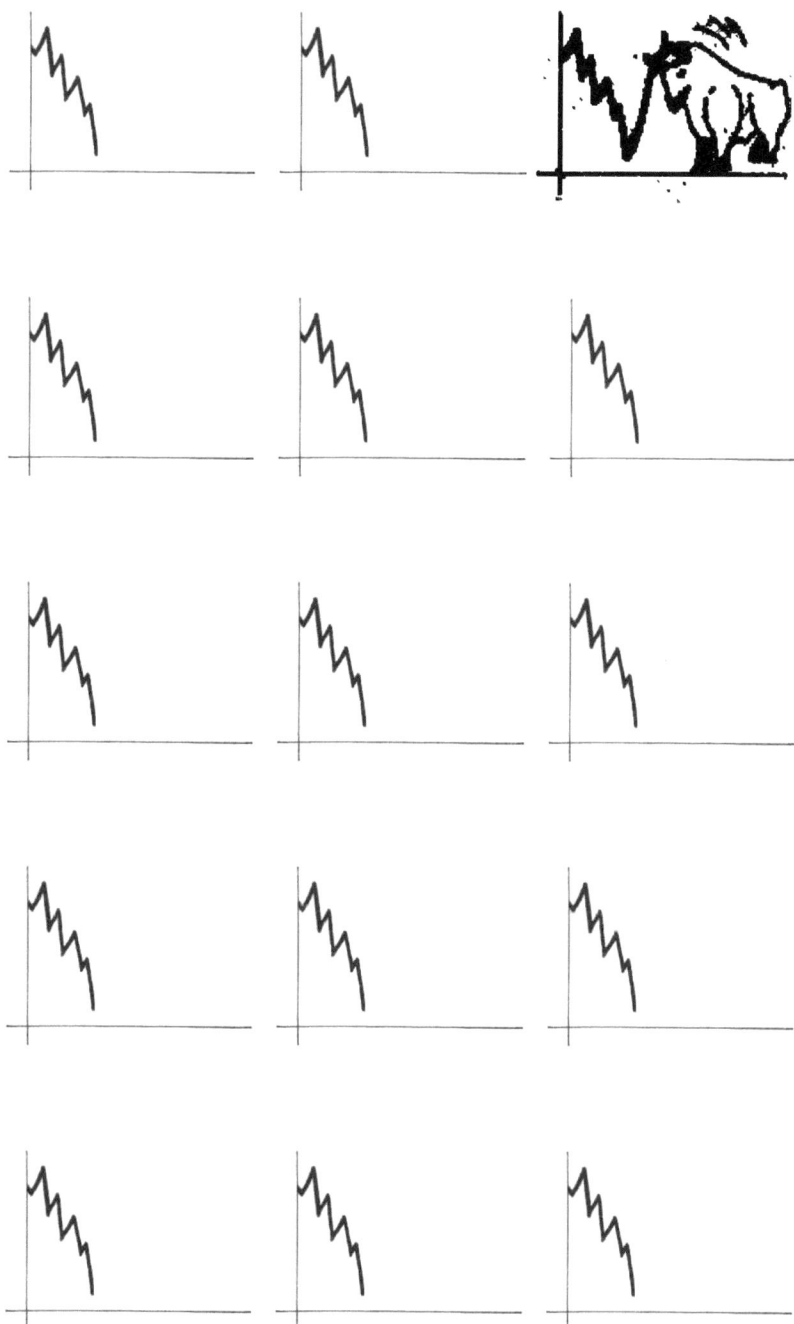

32. nap

1 ajánlat: **928.594,-**

növekedés mindörökre!

2 irkál:
- hagyd a pénzt dolgozni
- te ismered a trükköket
- fogj egy ceruzát
- **megrajzolod a képeket**
- kövesd a jobb felső példát
- nevess, nevess, nevess
- a képzeleted nem ismer határokat

3 csal: **Ki fizessen? , döntsd el Te!:**

- ☐ adófizetők
- ☐ idióták
- ☐ állam
- ☐ takarékoskodók
- ☐ kommunisták
- ☐ kapitalisták
- ☐ populisták
- ☐ EU
- ☐ Brüsszel
- ☐ szomszéd
- ☐ …

4 gyűjt: a mai nyereséged: **147.647,-**
                   Az egész vagyonod: **1.076.241,-**

33. nap

Gratulálok! Már több mint egy milliót kerestél! 1.076.241,- nem mindenkinek sikerül.

Zseni vagy , egy naaagy hős, jól nézel ki. Mindenki irigyel Téged.

Számolj el:
- ➢ -1 milliót zsebre vágsz
- ➢ -a fizetésed: 60800,- (32 napi rajzolás, 1900/nap)
- ➢ -nyereségadó: 8000,- (32nap/250)

Vond ki a summát: a maradék:7441,-.ezt az összeget visszaadod. Kérj bocsánatot! Sajnos nem tudtál minden pénzt biztosítani. A válság, a vállalkozók, a politikusok, az USA, a ruszkik, a klíma és igy tovább ....megsemmisítették a pénzt.

Vegyél magadnak egy új könyvet, mert még többre vagy képes. A világnak szüksége van ilyen látnokra ,mint Te. Vagy ajándékozz oda egy könyvet.